un honnête Homme égaré

à

L'Éducation (*manipulation*) Nationale
mon modeste témoignage

S & B
2016 - 2021

Nous remercions Mme Jacqueline Berger pour nous avoir permis d'insérer dans ce document, les photographies marquant des moments de bonheur de leur famille.

Avant Propos

Amis lecteurs, ce que vous allez lire n'est pas une fiction, mais une aventure vécue. Depuis longtemps on m'avait suggéré de l'écrire, mais cela ne me semblait pas important.

Je ne voyais que vanité à publier que j'avais participé, moi aussi, à la grande aventure de notre époque : *le révisionnisme*.

Mais aujourd'hui, j'en ressens l'impérieuse nécessité, celle de témoigner de la vérité face à tous les faux témoins ; celle, aussi, d'exorciser tout le mal qu'on m'a fait et de tout digérer pour rétablir ma santé.

Jean-Louis & Jacqueline Berger

Introduction

*D*ès *l'origine*, je n'avais jamais envisagé de consacrer ma vie à acquérir une situation et à gagner de l'argent. J'ai cru longtemps avoir la vocation religieuse et devoir suivre les traces de mes maîtres Assomptionnistes, mais ce n'était qu'une influence du passé, due à la nostalgie d'une existence antérieure consacrée déjà à la vie monastique et à l'étude des connaissances sacrées. Le destin a voulu heureusement que j'épouse celle qui devait m'aider à tester dans la réalité concrète mes idéaux antérieurs.

Je fus donc tour à tour ou simultanément professeur en divers lieux, agriculteur biologique, apiculteur, militant du Front National, et pour finir défenseur de certaines vérités historiques interdites.

Et c'est justement le sujet de ce récit.

I

NOMMÉ PROFESSEUR DE LETTRES AU COLLÈGE DE LEMBERG

Tout avait pourtant très bien commencé.

Je passais tous les jours à Lemberg en me rendant au collège Fulrad, à Sarreguemines, où j'effectuais mon stage de nouveau titulaire du Capes. Et précisément, à l'issue de ce stage, je fus nommé dans le petit collège sympathique de ce bourg du pays du verre et du cristal. De l'une des étapes du soufflage du cristal il devait recevoir le nom de *« collège La Paraison »*. Plût au ciel qu'on y fît réellement paraître une belle forme de lumière, celle de l'âme et de l'esprit d'élèves formés au Bon, au Beau et au Vrai, au lieu de les y livrer à la propagande du politiquement correct.

Les quinze kilomètres de la route reliant Philippsbourg à Lemberg étaient déjà un plaisir journalier : pas de circulation, la nature partout. Entre les collines boisées du parc naturel des Vosges du Nord, on suit la vallée de la Zinsel depuis Baerenthal jusqu'à sa source. On longe des prairies, des étangs, des forêts. Ici, le héron est dressé sur sa touffe d'herbe à l'amont de l'étang, là, il est perché sur la branche d'un aulne qui domine une eau troublée par la dernière pluie. La route est bordée de rangées de tilleuls vénérables et traverse des forêts où alternent hêtres, chênes, épicéas, bouleaux. Le lit de la rivière est colonisé par les aulnes. Et la suite des saisons, le soleil ou la pluie renouvellent de jour en jour les teintes de ces merveilles naturelles.

Près de Mouterhouse, on peut admirer une belle chapelle gothique en grès rose et plus loin, un manoir XIXe restauré à grands frais, avec sa petite chapelle ancienne.

Au bout d'un parcours si agréable, la route escalade le bord du plateau lorrain et voilà Lemberg. Son petit collège est un peu à l'écart, à côté d'un supermarché. Instruction et alimentation réunies. Voisinage innocent à première vue, mais je devais me rendre compte plus tard que les idées que l'on entonnait aux élèves étaient aussi frelatées que les nourritures industrielles. Mais n'anticipons pas !

Je m'installai consciencieusement dans ma nouvelle fonction. Je fus bientôt en bons termes avec mes collègues, tout en gardant mes distances, car l'atmosphère de l'Éducation Nationale me pesait pour bien des raisons. D'ailleurs je n'avais pas voulu lui confier l'instruction de mes quatre enfants, dont toute la scolarité a été assurée à la maison par mon épouse. Je n'avais donc pas vraiment l'esprit de la maison. Il était pourtant possible de faire du bon travail : faire lire de beaux textes, faire découvrir nos racines latines, faire passer quelques vérités essentielles, malgré le carcan de directives pédagogiques prétentieuses et tatillonnes.

Je ne partageais pas non plus l'idéologie égalitaire, niveleuse et politiquement correcte de cette institution et je savais que la prétendue neutralité laïque était un leurre, de l'aveu même de ses fondateurs. Je souffrais aussi de voir, par la grâce du *collège unique*, ces pauvres enfants soumis tous dès leur plus jeune âge au rythme infernal : lever – trajets en bus – cours – trajet – devoirs – coucher, heureusement coupé par des vacances. Ce système réussissait en quatre ans, de la sixième à la troisième, à transformer beaucoup d'enfants encore curieux et pleins de vie en adolescents blasés et démotivés. De trois ans à dix-huit ans, quinze ans d'un tel traitement ! Sans compter les études supérieures. Un vrai massacre, une mise sous l'éteignoir. Plus guère de contacts avec la vraie vie sociale, avec la nature, ni même avec les parents.

Ajoutez à cela des enfants imbus de leurs droits plus que de leurs devoirs, des professeurs dépourvus de moyens efficaces pour assurer la discipline, quand toutes les classes sont plombées par des cancres qui n'ont rien à faire au collège et perturbent le travail des autres, ces cancres que l'on fait monter de classe en classe pour s'en débarrasser au plus vite.

Ajoutons à cela les réunions, les projets pédagogiques, les projets d'établissement, les programmes contraignants, le carcan des instructions officielles, la propagande idéologique (affiche vantant les bienfaits de l'Europe de Bruxelles dans les cages d'escalier où les enfants passent dix fois par jour, et surtout manuels de français et d'histoire tendancieux ; même les manuels pour l'apprentissage des langues, comme cela a été magistralement démontré par Alex Auvray pour les manuels d'espagnol, dans le n° 10 et 11 de *Tabou*, la revue de Jean Plantin).

Mais je m'arrête car vous allez dire que, tel le renard qui déprécie les raisins qu'il n'a pu atteindre, je dénigre par avance une institution dont je n'aurais pu savourer tous les fruits : salaire sûr et progressif, vacances, retraite.

D'ailleurs, d'autres ont déjà tout dit sur le sujet.

Bien entendu, je gardais toutes ces réflexions pour moi et j'avais malgré tout de bons rapports avec la plupart de mes collègues. Quelquefois, à tel professeur de mathématiques, je prêtais un exemplaire de l'hebdomadaire *Rivarol*. J'échangeais souvent avec un autre des jugements sévères sur l'état de notre société. J'avais prêté à un jeune professeur le livre d'Eric Delcroix *La Francophobie – Crimes et délits idéologiques en droit français*. Il me l'a rendu sans l'avoir lu ; il ne voulait pas se remettre en question...

À l'occasion d'un vin d'honneur qui réunissait tout le personnel, un collègue de français, Lucien Jacoby, me prit à part pour me faire la leçon : «*Comment ! toi qui es si instruit et si honnête, comment peux-tu militer au Front National ! Tu ne te rends pas compte de ce que tu fais!* » Je lui répondis que, justement, la présence d'un honnête homme au F. N. [J'étais en effet responsable de ce parti dans la circonscription de Sarreguemines et j'avais été candidat à toutes les élections] prouvait au contraire qu'il s'en faisait une idée fausse. Mais allez ébranler un idéologue ! Cela ne nous empêchait pas de garder des relations courtoises. Et je savais gré à tous ces collègues socialistes ou gauchistes de m'accepter simplement comme j'étais, du moins, je le croyais.

Quant aux élèves, ils avaient moins de préjugés que leurs maîtres, ou plutôt, ayant les préjugés de leurs parents, ils reflétaient les opinions diverses du corps électoral. Aussi beaucoup étaient-ils favorables au F. N. Dans le brouhaha des mouvements de couloir, je distinguais parfois des « *Vive Le Pen* », que je me devais d'ignorer. Comme je passais un jour à l'extérieur près d'une classe en cours de gymnastique, plusieurs élèves se sont mis à crier aussi « *Vive Le Pen* », et j'étais assez ennuyé pour leur professeur, mais je n'avais vraiment rien fait pour provoquer l'incident.

Principal et censeur semblaient m'apprécier et n'avaient fait aucune difficulté pour me donner le congé réglementaire pour la campagne des législatives, en 1997. Il faut dire que mon adversaire socialo-communiste était aussi professeur au collège de Lemberg, maire d'un bourg voisin et accessoirement professeur d'histoire. On pouvait difficilement refuser à l'un ce que l'on accordait à l'autre. (Nous obtînmes presque le même nombre de voix au premier tour, lui un peu plus de 20 % et moi un peu moins. Il devait être élu député au deuxième tour.)

On ne m'en voulait pas trop, puisque j'avais été choisi pour encadrer un échange entre quelques uns de mes élèves de Latin et des élèves du collège roumain de la ville de Mangalia, sur la mer noire. On avait peut-être choisi le professeur de Latin en souvenir d'Ovide, le poète exilé en ces lieux par l'empereur Auguste.

J'animais aussi un club d'apiculture d'une dizaine de membres (parmi lesquels un petit Matthias Ferstler dont les parents devaient plus tard me traîner en justice). Nous avions, en contrebas du terrain de sport, quatre ruches Dadant que j'avais prélevées dans mon propre rucher. À la fête de fin d'année, nous avions extrait le miel en présence des visiteurs, avec les félicitations des parents de mes apiculteurs en herbe.

Ainsi, tout n'allait pas trop mal, jusqu'au jour où...

II

Mon Ami Frédéric ou un exemple de manipulation de la jeunesse

> *Il y a quelque chose de pire*
> *Que les mauvaises pensées,*
> *Ce sont les pensées toutes faites.*
> Charles Peguy

Pendant l'année scolaire 1998-1999, J'avais appris que des collègues d'histoire et de lettres préparaient une pièce de théâtre, avec des élèves de troisième. Et, ou bien manque de curiosité de ma part, ou bien dissimulation volontaire à mon égard, je ne savais rien du contenu de ce spectacle. J'avais même eu à plusieurs reprises la gentillesse de dispenser du cours de latin des élèves qui devaient se rendre aux répétitions.

À mon insu, j'étais complice d'un forfait. Et d'un forfait longuement prémédité, puisque le point de départ de cette action était un petit roman pour la jeunesse, sans aucune valeur littéraire, d'un certain Richter. On l'avait fait lire en sixième et en cinquième, transposé sous forme de dialogues en quatrième, et mis en scène en troisième. Mais je ne sus cela que plus tard

Vint le jour du spectacle dans la salle des fêtes d'un village voisin. Une aubaine pour les élèves ! Plus de cours, une promenade en car et un divertissement théâtral. Pour que toutes les classes puissent y assister, on avait organisé deux séances. Et à la deuxième, j'avais dû accompagner ma classe de troisième, sans arrières pensées ni appréhension d'aucune sorte.

Avant le lever de rideau, mon collègue Joseph Feisthauer m'aborde aimablement pour me dire : « *Quel beau spectacle ! Quelle leçon bénéfique et nécessaire pour la jeunesse !* » et d'autres remarques aussi enthousiastes. J'étais un peu interloqué, car ce n'était guère son habitude de partager avec moi ses états d'âme ; je me félicitais pourtant de ce changement d'attitude.

J'étais assez naïf pour voir dans cette confidence une preuve de sa sympathie. Je compris après coup. Il voulait dire : « *Quel beau spectacle pour apprendre à la jeunesse à détester le nationalisme, les fascistes, les racistes, les xénophobes, dont tu es un partisan !* »

Il fallait d'abord assister au spectacle. L'élève spectateur était prié de s'identifier à Frédéric, un enfant de son âge, dans l'Allemagne des années 1933 à 1939. Ce dernier avait un ami juif en butte à toutes les vexations. Ses parents perdent leur emploi et leurs biens. Plusieurs tableaux développaient ces thèmes et pendant les changements de décor, à l'avant de la scène et sur le côté, la pauvre Amandine Fath récitait fièrement tous les mensonges soi-disant historiques sur la persécution et l'extermination des juifs par le régime National-Socialiste.

La morale actualisée de cette histoire se dévoilait cyniquement dans la scène finale : « *Faites bien attention, il y a aujourd'hui dans notre pays un parti comme celui d'Hitler – suivez mon regard – et si on le laisse faire il recommencera les mêmes atrocités.* » Bref, ni plus ni moins que du roman et des mensonges dans un but politique. C'est beau la neutralité laïque ! Mais, hélas, je crois la plupart de mes collègues assez ignorants pour croire qu'ils servaient la vérité et les « *Droits de l'Homme* ».

On devine que je bouillais intérieurement et manifestai mon désaccord et mon indignation par des mouvements divers ou, quand je n'y tenais plus, en quittant la salle. D'autant que mes élèves se retournaient pour voir sur mon visage les traits de la « *bête immonde* », puisque tous connaissaient mon action politique. Indirectement mais incontestablement j'avais été accusé et diffamé devant tous les élèves. Je pris donc la résolution de rétablir la vérité devant mes élèves, à la première occasion.

III

Ma réaction

> *Celui qui ne gueule pas la vérité,*
> *Lorsqu'il connaît la vérité, se fait*
> *Le complice des menteurs et des faussaires.*
>   Charles Peguy

L'occasion se présenta le mardi 30 mars 1999. C'était justement la semaine précédent Pâques : mon chemin de croix allait commencer.

J'avais préparé quelques remarques :
- Ne croyez pas tout ce qu'on vous raconte.
- Je ne suis pas le monstre qu'on vous a dit.
- Sur ce sujet précis on ment beaucoup.

Ce qui me poussait à prendre le risque de tomber sous le coup de la loi Gayssot, c'était moins le désir de me défendre personnellement que l'indignation devant cette entreprise de lavage de cerveau et cette atteinte à la liberté de l'esprit. On prétendait former l'esprit critique des élèves et on leur imposait tous les mensonges du politiquement correct. C'était un crime contre l'esprit, un assassinat moral. En tant que professeur de français, j'avais le devoir de m'insurger contre cette manière insidieuse de mettre les textes, les auteurs et les commentaires au service d'une idéologie.

Cette mise au point, prévue pour quelques minutes, dura finalement toute une heure de cours. Le sujet, pour une fois, passionnait les élèves. Les questions fusaient et je me laissai entraîner beaucoup plus loin que prévu : les camps étaient des camps de concentration et de travail et non des camps d'extermination, ce qu'ils ne devinrent qu'à la fin de la guerre à cause des bombardements de terreur par l'aviation alliée ; il y avait des chambres à gaz pour la désinfection des vêtements, afin de préserver les prisonniers du typhus transmis par les poux ; ce n'était pas l'Allemagne qui avait voulu la guerre, mais les juifs désireux de renverser un régime qui leur enlevait leur suprématie économique et politique ; l'Allemagne n'avait envahi la Pologne que parce que l'Angleterre avait fait capoter les négociations sur le couloir de Dantzig ; l'URSS avait aussi envahi la Pologne et on ne lui avait pas déclaré la guerre pour autant ; le nombre officiel des morts à Auschwitz était passé de 4 millions à 1,5 millions ; et quelques autres mises au point, sans doute, tout en m'efforçant d'écourter cette leçon d'histoire et en leur faisant remarquer que la loi française interdisait désormais d'en parler, que de toute façon je ne voulais rien leur imposer, mais leur donner la possibilité de choisir un jour librement entre deux versions contradictoires.

Ce n'est qu'à la deuxième heure de cours que j'avais avec cette même classe de troisième que je pus reprendre mon programme de français proprement dit. De puis plusieurs séances nous travaillions sur l'argumentation : différents types d'arguments, vrais et faux arguments. Ainsi, le document photographique, argument vrai avec la légende qui lui correspond, devient-il argument faux avec une légende ou un contexte qui le détourne de son sens.

Un article de l'excellente revue de Vincent Reynouard (*VHO France Informations*, n° 3-4) me fournit un exemple parfait : il montrait l'usage mensonger que l'*Express* du 31-12-1998 avait fait d'une photo du camp de Nordhausen prise en 1945. On y voyait des alignements de cadavres entre deux rangées de baraques en ruines, sans légende précise. Mais, dans le texte qui accompagnait la photo et juste au-dessus d'elle, on pouvait lire le mot «*extermination*» en bas de la première colonne, et le mot «*massacre organisé*» en bas de la deuxième, et tout l'article était consacré à l'extermination de 6 millions de juifs par les Allemands. Or cette photo montrait en réalité l'état du camp à la suite d'un bombardement allié ; elle avait été publiée le 21 mai 1945 dans l'hebdomadaire américain Life, et sa légende mentait par omission : «*Les corps de près de 3000 esclaves sont enterrés par des soldats américains. Ces morts travaillaient dans les usines souterraines de V1 et de V2*» ; on n'avouait pas que ces déportés étaient morts le 4 avril 1945 sous les bombes des Anglo-américains dont l'objectif était une station SS d'émission radiophonique qui avait été installée dans la Boelke-Kaserne, un bâtiment du camp où, à partir du mois de mars 1945, avaient été rassemblés les malades, les invalides et les inaptes au travail venus du camp de Mittelbau.

Je montrai donc cette page de *L'Express* à mes élèves et leur expliquai qu'on avait transformé en preuve de la barbarie des Allemands ce qui avait été en réalité une preuve de la barbarie des bombardements de terreur des Alliés.

Je fis ensuite la même mise au point devant ma deuxième classe de troisième et les choses se déroulèrent à peu près de la même façon. J'acceptai — peut-être un peu trop facilement — de répondre aux questions ; mais ce que j'avais dit aux élèves de troisième C, je ne pouvais refuser de le dire à ceux de troisième B. Les dés étaient jetés.

Mes propos auraient-ils un retentissement immédiat ? Je ne m'en inquiétai guère, j'avais fait mon devoir. Peut-être ce «*crime*» ne viendrait-il pas aux oreilles de la Police de la Pensée. J'aurais dû me rappeler qu' «*ils sont partout*», mais, que l'élève Samuel Ferstler fût juif, l'idée ne m'en était jamais venue. Ce garçon, intelligent et imbu de sa supériorité, mais paresseux, me dénonça le soir même à ses parents, assouvissant peut-être une haine longtemps rentrée contre le représentant honni d'un parti «*antisémite*».

À leur tour, ses parents me dénoncèrent à la fois, pour faire bonne mesure, au Rectorat de l'académie de Nancy-Metz, et à l'inspecteur d'académie.

À huit heures, le lendemain, les mêmes parents alertent le Principal du collège, qui me convoque aussitôt, de 8 h 30 à 9h. Par la suite, cette famille compléta sa délation au Principal par deux lettres, datées du 7 et du 26 avril, et un autre parent en fit autant deux mois plus tard, le 25 mai. En vertu de quoi, on prétendra plus tard que j'avais provoqué la réaction unanime de **tous** les parents d'élèves et traumatisé la **totalité** de ces chers petits.

Dans la lettre du 7 avril, Mme (ou M^r) Ferstler multipliait les accusations mensongères : «*...profite de son statut d'enseignant pour inculquer à nos enfants les thèses révisionnistes...est militant du F.N. et se présente régulièrement aux élections* [Pourtant, d'après la loi n° 83634 du 13 juillet 1983, art. 7, «*la carrière des fonctionnaires candidats à un mandat électif [...] ne peut en aucune manière être affectée par les opinions émises par les intéressés au cours de la campagne électorale*»]». L'auteur de la lettre procédait par insinuations sans preuves ou déformations malveillantes de fait réels : «*M. Berger n'en était pas à sa première prestation de ce genre* [?]...*M. Berger serait* [sic] *parti du Lycée Professionnel de Bitche suite à des agissements du même genre (entre autres, distribution de tracts F.N.). Une maman* [?] *m'a dit que l'année dernière déjà, elle avait vu ce professeur à la suite du même genre de propos* [?] *et que celui-ci lui avait répondu que sa fille avait mal compris...Un autre élève* [?] *m'a appris que M. Berger avait vendu des porte-clefs en cours !*».

On aimerait des noms et des accusations plus circonstanciées.

Revenons au 31 mars au matin, dans le bureau du Principal, M. Jean-Marie Fischer. Sans tergiverser, je lui confirmai la teneur de mes propos et lui exposai mes raisons. Il me suggéra de faire amende honorable auprès de mes élèves et de mes collègues. Je ne pus accepter cette lâcheté. Je ne pouvais confesser un crime que je n'avais pas commis. J'avais dit la vérité, un point c'est tout.

Aurais-je dû leur dire : *« Pardonnez-moi d'avoir eu l'impudence de vouloir me laver de graves accusations. Pardonnez-moi d'avoir cru aux instructions pédagogiques qui enjoignent de former l'esprit critique des élèves. Je ne le ferais plus, c'est promis ! »*

De toute façon, le Principal aurait dû savoir que les chiens de garde de la Pensée Unique ne lâchent pas si facilement leur proie. Ceux qui poursuivent les blasphèmes contre la nouvelle religion holocaustique ne se contentent pas de plates excuses, et leur haine talmudique exige toujours un châtiment. On l'a vu avec le professeur Notin, on vient de le voir au moment où j'écris ces lignes (janvier 2007), avec Bruno Gollnisch, condamné à 3 mois de prison avec sursis et 80000 euros de frais, tout compris, malgré son abjuration et sa reconnaissance formelle de l'Holocauste.

Naturellement, l'homme Jean-Marie Fischer ne voyait pas dans ma situation un cas pendable, mais, en tant que Principal, il subirait désormais la pression des autorités administratives et il serait obligé de faire du zèle, tous ces fonctionnaires sentant bien que leur carrière était en jeu.

Dès le 7 avril, profitant de ce que j'avais accompagné le groupe des latinistes et des Roumains dans une visite de Strasbourg, le Principal réunit mes deux classes de troisième (55 élèves) et leur demanda de faire un compte rendu du fameux cours de la semaine précédente. Etant anonyme, ce compte rendu devenait une dénonciation irresponsable. S'ils avaient dû signer leur déclaration, ils se seraient limités à des souvenirs certains. Au contraire, ils purent ainsi donner libre cours à leur mémoire approximative et m'attribuer des propos hautement fantaisistes dans une orthographe horrifique. Je ne résiste pas à la tentation de vous en donner tout de suite de savoureux échantillons :

- *« ...Il nous a montré 2 articles de journaux : - l'on montrai de cadavres (une sorte de charnière) et l'article disais que c'était un camp d'extermination de Hitler. »*
- *« L'autre montrait la même photo, c'était un article de journal américain, dans lequel l'armé amériquain, dans lequel*

l'armé U.S. avouait que c'était elle qui les avait tué avec un bombardement. »
- « *Il nous a dit qu'Hitler n'existait pas vraiment.* »

Le résultat fut donc un mélange de témoignages contradictoires, dont certains, on ne sait d'ailleurs pourquoi, furent écartés du dossier (restent 39 sur 55). Un an plus tard, le 20 mars 2000, le Président du tribunal de Sarreguemines fera une lecture publique interminable de tous ces témoignages. Or ces derniers prouvaient seulement *de quoi* il avait été question, nullement ce que j'avais dit exactement. Mais n'anticipons pas.

Le Principal, durant la même séance, avait voulu « *mesurer le ressenti* [des élèves] *quant à la nature de la relation pédagogique depuis la journée du 30 mars 99* ». Le résultat fut que 81 % de mes élèves considéraient qu'ils bénéficiaient d'un enseignement « *normal* » ou « *plutôt normal* ».

Effectivement, je donnais cours tout à fait normalement, mes élèves m'écoutaient (ou ne m'écoutaient pas) tout aussi normalement et j'espérais un peu naïvement que j'en serais quitte pour un avertissement ou un blâme. C'était la conclusion du Principal : « *La plainte des parents d'élèves* [2 seulement !] *est fondée. L'égarement de M. Berger appelle un avertissement sans complaisance qui ne saurait le dispenser d'un geste en direction de ses élèves, de leurs parents et de ses collègues historiens.* » Autrement dit, si je m'accusais d'avoir menti, je m'en tirerais avec un avertissement. Ce qui, je l'ai déjà dit, était hors de question. Au contraire, c'était à moi d'exiger des excuses de la part des collègues qui m'avaient diffamé.

IV

UNE INSPECTRICE PÉDAGOGIQUE TRÈS PARTIALE

> *Qu'il lui fasse tout passer par l'étamine et ne loge rien en sa tête*
> *Par simple autorité et à crédit.*
> *Qu'on lui propose cette diversité de Jugements :*
> *il choisira, s'il peut, sinon il demeurera en doute.*
> ***Il n'y a que les fols certains et résolus***
>
> Montaigne, *Essais*, I, XXVI

Un mois plus tard, le 3 mai, je recevais la visite de l'inspectrice pédagogique, madame Dominique Pierrel. Sous couvert d'inspection, elle venait faire son enquête et éplucher mes cahiers de textes pour étayer l'accusation.

Au cours de l'entretien qui suivit, elle m'accusa d'avoir manipulé les documents, retint dans les propos des élèves tous les éléments à charge et écarta tout ce qui montrait ma bonne foi et l'approbation de certains élèves ; elle voulut à toute force me faire dire où j'avais pris le document montré aux élèves, ce que je refusai, à la fois pour ne pas mettre en cause Vincent Reynouard et parce que le document n'était que la reproduction d'une page de *l'Express*, chose facile à vérifier. Je ne niai pas que j'avais exposé à mes élèves des vérités qui contredisaient l'enseignement « *orthodoxe* » (terme employé par l'inspectrice et par le principal. Quel aveu !). À l'époque, je ne savais pas encore que ces vérités étaient aussi admises par l'histoire officielle, mais occultées au profit des mensonges de la propagande idéologique. C'est ce que le professeur Faurisson devait démontrer magistralement en décembre 2006 à la conférence internationale de Téhéran, sous le titre : *Les Victoires du révisionnisme*. Je regrette mon ignorance à ce moment-là, car j'aurais pu mettre l'inspectrice dans l'embarras.

Il faut croire que les charges étaient encore insuffisantes, puisqu'elle alla dénicher dans mes cahiers de textes des années précédentes un texte sur l'idée de sacrifice. Mes élèves devaient le résumer. L'idée principale, éclairée par la métaphore du charbon qui chauffe et brille en se consumant, était que, sur le plan spirituel, le sacrifice est un gain et non une privation. J'avais utilisé deux fois ce texte à l'occasion de l'étude d'Iphigénie et de Cyrano de Bergerac. Seule l'idée m'importait et je n'avais pas mentionné l'auteur, Mikhaël Aïvanhov, fondateur de la Fraternité Blanche Universelle, précisément pour ne pas donner l'impression de vouloir recruter des adeptes pour une secte, à laquelle je n'appartenais nullement. On ne voit d'ailleurs pas ce qu'on peut reprocher à des gens qui recherchent la fraternité universelle, d'autant que le terme *« blanche »* n'a rien de raciste, étant donné qu'il renvoie à une spiritualité bénéfique et bienfaisante. Dans le rapport d'inspection, **Fraternité** Blanche Universelle devenait **fatalité** Blanche Universelle, c'est dire le sérieux de ces inquisiteurs !

L'inspectrice n'en conclut pas moins : « *M. Berger a à plusieurs reprises utilisé en classe d'une manière non réglementaire* [?], *un texte qui par son contenu et ses origines* [dont je n'avais pas fait état !] *peut constituer un danger grave pour les élèves qui lui étaient confiés.* »

Quand on pense que toute notre civilisation européenne chrétienne a toujours reconnu la valeur du sacrifice ! « *Si le grain ne meurt, il ne porte pas de fruits* », dit l'Évangile. N'honore-t-on pas le sacrifice des soldats, et, depuis soixante ans jusqu'à plus soif, celui des glorieux résistants de 1945 ?

Quel parti-pris ! Quelle partialité ! Il est vrai que nous sommes dans une société de jouissance et non de sacrifice, et que la seule secte qui ait droit de cité est la franc-maçonne, républicaine et Droits de l'Hommesque. J'avais eu le tort de l'oublier.

Pourtant, mon épouse, professeur de Lettres Classiques comme moi, en avait déjà fait l'amère expérience. Sollicitée pour un remplacement et ayant eu à faire traduire en classe ce passage de *La Guerre des Gaules* où César expose sommairement les croyances des druides, elle avait expliqué aux enfants les croyances traditionnelles et leur avait fait comprendre que, loin d'être des superstitions, il s'agissait de profondes vérités spirituelles. Pour cela, sous prétexte de digressions à caractère ésotérique, on lui avait retiré son emploi, avant signature du contrat définitif, qui devait venir du Rectorat. Il faut se faire à l'idée que seule la croyance en la démocratie, en l'Holocauste et dans les Droits de l'Homme est autorisée et que le reste n'est qu'obscurantisme et superstition.

Ajoutons qu'elle était aussi doublement suspecte : pour avoir été candidate du Front National à plusieurs élections, et pour être l'épouse fidèle et dévouée d'un révisionniste. Voilà qui suffira amplement à lui fermer toutes les portes de l'enseignement en France, et même les portes des associations de bénévoles dans les services sociaux, auxquels elle proposa en vain ses services.

Bref, l'inspectrice me reprochait «*d'avoir proposé à mes élèves des textes qui recoupent* [mes] *convictions*» et me rappelait «*à mes devoirs et obligations de professeur de Lettres en collège*». Ce qui ne manque pas de sel quand on sait que ces «*devoirs*» sont violés quotidiennement dans les établissements scolaires, parce que la soi-disant neutralité de l'école laïque est depuis l'origine et de l'aveu même de ses fondateurs le cache-sexe d'une propagande idéologique. Il suffit de se rappeler l'embrigadement des lycéens dans les manifestations de la semaine infernale du 21 au 27 avril 2002, après la qualification de J. M. Le Pen pour le deuxième tour de l'élection présidentielle.

Que dire aussi de toutes ces activités prises sur les heures de cours : témoignages de résistants, déportés, miraculés des camps d'extermination, concours de la Résistance, formations *« citoyennes »*, voyages à Auschwitz, visites au Struthof ?

Le rapport de l'inspectrice n'était pas plus objectif dans ses remarques strictement pédagogiques, mais il fallait nécessairement que je fusse un mauvais professeur.

Résumons toutes ces manipulations : on m'accuse d'avoir choqué **tous** les parents et **tous** les enfants, alors que seuls **deux** parents se sont manifestés, et que la majorité des enfants a affirmé que la situation était normale par la suite.

On suscite les déclarations **anonymes** des élèves. Il faut croire que la délation fait partie des valeurs républicaines.

L'inspectrice ignore les éléments à décharge dans les témoignages des élèves.

Elle réclame une sanction avant d'avoir enquêté. Elle multiplie les erreurs ou les mensonges dans son rapport. Contrairement à ce qu'elle affirme, je n'ai pas manipulé le document, je n'ai pas généralisé le cas de Nordhausen aux autres camps, je n'ai pas *« inculqué »* des thèses révisionnistes, mais j'ai rappelé des vérités historiques officielles, reconnues par les historiens, quoique censurées par le pouvoir politique.

Ce sont mes collègues qui ont abordé le sujet, j'étais en cas de légitime défense.

L'inspectrice invoque la neutralité et parle en même temps de reconnaissance d'un *« programme officiel »*, d'un *« enseignement orthodoxe »* et fait appel à la surveillance de l'administration (Pour faciliter cette surveillance, elle me fit même interdire l'usage du rétroprojecteur).

Elle ajoute cette accusation grotesque sur le sacrifice.

Je devais prendre connaissance plus tard de toutes ces méchancetés. Mais, pendant deux mois, je continuai à enseigner et mes élèves à étudier sans que l'atmosphère en fût vraiment modifiée. Certes, des tensions étaient apparues entre les élèves, car les « *rapporteurs* » sont toujours mal vus. Aucun ne s'est confié à moi, mais il m'a semblé que le dénonciateur, Samuel Ferstler, essuyait le mépris de quelques camarades.

Quant à mes collègues, des Ponce-Pilate. Aucun ne fit la moindre allusion, ne manifesta la moindre sympathie, ni même la moindre animosité, par incompréhension, indifférence ou même lâcheté. Les professeurs d'histoire auraient pu au moins chercher à se justifier, à ouvrir le dialogue avec moi. Non, rien !

Finalement, le 31 mai, je fus convoqué chez le Principal. Il attendait un fax du Rectorat et n'osait me dire d'emblée pourquoi il m'avait fait appeler. Le fax m'annonça que j'étais suspendu de ma fonction avec traitement et que je n'avais plus qu'à rentrer chez moi. Même s'il m'était assez agréable d'être en vacances avant la date et d'échapper aux dernières semaines de classe, qui voient l'attention et la motivation des élèves diminuer de jour en jour, j'éprouvais en même temps l'impression frustrante d'être renvoyé comme un malpropre.

V

Le Procès en correctionnel

*P*endant l'été, je m'attendais à être convoqué pour le conseil de discipline, mais rien ne se passa, et j'eus tout le loisir de faire mes foins, de m'occuper de mes ruches et de mon jardin, de couper le bois pour l'hiver et d'aller randonner quelques jours en famille dans une belle région de France.

Avant la rentrée, pas de nouvelles.

Mais le matin de la rentrée, début septembre, les gendarmes de Bitche vinrent perquisitionner. Ils se contentèrent en fait d'exiger que je leur donne la brochure de Vincent Reynouard (*VHO France Informations* n° 3-4). J'eus bien du mal à mettre la main dessus, tant j'étais bouleversé de me voir traité comme un délinquant. D'ailleurs, il devait s'avérer que leur but principal n'était pas là : avant de repartir avec la revue, ils me convoquèrent à la gendarmerie de Bitche pour l'après-midi, simple formalité, dirent-ils.

À Bitche, le procès verbal fut rédigé en autant d'exemplaires que le veut la bureaucratie. J'appris que, sur ordre du Procureur Marot du 02 juillet 1999, les gendarmes avaient recueilli le témoignage de mes élèves au mois de Juillet. Trois mois après les faits on leur demandait des témoignages précis. Quelle pouvait bien être leur valeur ? On ne peut pas fonder une accusation sur des témoignages, à plus forte raison sur des témoignages d'enfants et surtout, quand il s'agit de propos oraux, si longtemps après qu'ils aient été tenus. Par ailleurs, les témoignages recueillis par le Principal, étant anonymes, auraient dû être inutilisables.

Quoi qu'il en soit, les autorités se donnaient bien du mal pour prouver un fait que j'avais toujours reconnu, et devant le Principal et devant l'inspectrice. Il ne pouvait sortir de leur enquête que des conclusions fantaisistes sur la teneur de mes propos. Je n'avais rien à cacher et toutes mes affirmations étaient historiquement fondées. Si enquête il avait fallu, elle aurait dû s'appliquer à prouver que mes affirmations étaient fausses. Tout ce fatras de témoignages était un écran de fumée, une enquête sur un crime qu'on ne voulait pas examiner au fond.

Toujours est-il qu'après deux heures de paperasses et un coup de téléphone au Procureur de Sarreguemines, on me mettait en garde à vue jusqu'au lendemain ; je pouvais choisir un avocat, me faire examiner par un médecin. On fit venir pour cela le docteur Jespère. En fait, on me retenait prisonnier afin de me présenter au juge d'instruction et me mettre en examen sans délai. Mais, comme on le verra par la suite, cette hâte était bien tardive, car il y avait déjà prescription.

Ainsi, contrairement à la légalité, je passai la nuit en cellule, sans cravate, sans ceinture, comme un brigand.

Evidemment, les gendarmes faisaient leur travail, mais sans excès de zèle. Le cœur n'y était pas. On sentait bien qu'ils se contentaient d'obéir aux ordres, et même avec un brin de mauvaise conscience devant le sale boulot qu'on leur imposait. Ils me traitèrent poliment et s'efforcèrent d'atténuer les désagréments de cette arrestation, s'offrant à aller chercher à Philippsbourg les effets dont je pouvais avoir besoin. Quand on a une conscience, ce ne doit pas être facile d'être gendarme aujourd'hui, au service d'une dictature démocratique qui, trop souvent, les mobilise contre les honnêtes gens et les paralyse devant les criminels.

Mon épouse avait été avertie et avait aussitôt contacté le Professeur Faurisson, Vincent Reynouard et d'autres amis, ainsi que Maître Eric Delcroix, qui acceptait d'être mon avocat. Elle fit face avec courage et efficacité. Je n'oublierai jamais son dévouement. Certains révisionnistes poursuivis par la *«justice»* ont été abandonnés par leur femme. La mienne a fait tout ce qu'elle pouvait pour m'aider.

Le lendemain matin, les gendarmes me conduisaient au tribunal de Sarreguemines. Des amis étaient là pour me soutenir. M. Boitel de Dienval, un ami du Front National de l'Oise, n'avait pas hésité à faire plusieurs centaines de kilomètres pour venir. Il me proposa d'intervenir directement auprès de Bruno Gollnisch, n° 2 du Front National, persuadé que ce dernier et son parti, au sein duquel j'avais combattu pendant 10 ans, prendraient ma défense. Il se faisait des illusions. Je n'eus jamais de nouvelles de M. Gollnisch ni d'aucun responsable du Front National. J'étais devenu un paria, le militant ne pouvait plus servir sur le plan électoral. J'en éprouvais quelque déception, d'autant que mes accusateurs m'avaient reproché mon appartenance au F.N., et que je savais pertinemment que Gollnisch et bien d'autres étaient aussi révisionnistes que moi. Mais ce haut responsable devait plus tard confirmer sa lâcheté en reconnaissant formellement la Shoah, devant les juges, fin 2006.

Assisté de Mᵉ Kirsch, un avocat de Sarreguemines qui remplaçait provisoirement Mᵉ Delcroix, je fus introduit chez le juge Nativel, qui me mit en examen. À l'audience d'instruction à laquelle nous fûmes convoqués plus tard, Mᵉ Delcroix et moi, ce juge me donna l'impression d'un homme de bon sens qui ne comprenait pas très bien pourquoi on mobilisait la justice pour des opinions historiques. Mais passons, un tel éloge pourrait lui nuire ! Peut-être aurait-il ordonné un non lieu si on l'avait laissé faire. Cela pourrait expliquer que, le 10 février 2000 l'ordonnance de renvoi devant le tribunal correctionnel ait été signée par un autre juge, plus complaisant sans doute, Mᵐᵉ Cécile Meyer-Fabre.

Les charges retenues contre moi étaient injustes, fantaisistes, ou même incohérentes.

On m'accusait d'avoir contesté en public des crimes contre l'Humanité, tels que définis par le Tribunal Militaire International de Nuremberg, qui ne fut en réalité ni vrai tribunal, ni militaire, ni international et ne fut qu'un lynchage des vaincus par leurs vainqueurs.

On me faisait grief d'avoir rappelé le contexte économique et politique de l'Allemagne à la suite du traité de Versailles, d'avoir montré que *L'Express* avait détourné de son sens la photo du camp de Nordhausen.

On m'attribuait certaines affirmations inexactes des élèves. En effet, je n'avais pas dit que «*la déclaration de guerre faite par les alliés plaçait Hitler en position de victime*», je n'avais pas parlé de l'incendie du Reichstag, puisque j'en ignorais tout.

On m'accusait à la fois d'avoir nié l'existence des camps de concentration et d'avoir dit qu'ils étaient des camps de travail; d'avoir dit à la fois que les fours crématoires sont des purs produits de l'imagination et qu'ils étaient conçus pour brûler des déchets (alors que j'avais expliqué qu'ils servaient à brûler les cadavres victimes des épidémies).

Qu'il y eût dans les camps des chambres à gaz de désinfection, fait avéré, devenait pour le juge une affirmation scandaleuse.

On m'accusait encore d' «*invoquer l'existence d'une autre vérité que celle communément admise par l'histoire officielle*». C'était reconnaître qu'il y a une histoire officielle.

Quant à minorer le nombre des morts, les autorités du musée d'Auschwitz l'avaient fait avant moi.

Et l'ordonnance de renvoi se terminait par : «*Faits prévus et réprimés par les articles 23, 24 alinéa 6, 24 bis de la loi du 29 juillet 1881 sur la liberté de la presse*». Nommer *faits* l'affirmation de vérités historiques n'est-il pas abusif ?

En attendant, je continuai à cultiver mon jardin et à développer mes connaissances révisionnistes. Vincent Reynouard m'invita au colloque révisionniste qu'il organisait à Paris, le 6 novembre 1999. Je devais y prendre la parole, non sans quelque fierté, aux côtés de Philippe Gautier, René-Louis Berclaz, Jürgen Graf, Eric Delcroix et Robert Faurisson. Je fis le récit de mes tribulations et démontrai que l'Éducation Nationale avait toujours été une entreprise idéologique de formatage des citoyens, et que tous les enseignements étaient peu ou prou teintés de marxisme et de matérialisme. Plus important encore, pour moi le révisionnisme était non seulement une méthode historique, mais aussi un état d'esprit : tout homme, dans son domaine, doit avoir cette attitude qui consiste à faire passer la vérité avant son confort personnel.

L'audience devant le tribunal de Sarreguemines avait été fixée au 20 mars 2000. La veille, des tracts furent distribués dans la ville pour dénoncer cette persécution, sous le titre : **Un professeur en procès pour avoir formé l'esprit critique de ses élèves.** Le tract reproduisait le document sur le bombardement du camp de Nordhausen et appelait à venir me soutenir le 20 mars. Hélas, il ne mobilisa pas les foules.

Au contraire, le jour de l'audience, fixée bizarrement à 17 heures, les adversaires haineux vinrent nombreux : syndicalistes de la FSU, gauchistes anti-FN, un plein car de Juifs venus de Strasbourg et des environs, qui allaient occuper toute la salle réservée au public, ne laissant que peu de place aux amis venus me soutenir. Ces derniers durent rester debout dans l'allée, ou hors de la salle, mêlés à tous ceux qui n'avaient pu rentrer. Ma femme dut faire valoir sa qualité d'épouse pour forcer le passage, accompagnée de ma plus jeune fille, laissant mon fils aîné à l'extérieur.

Je ne connus tous ces détails que plus tard. En effet, Me Delcroix, ayant une longue expérience de ce genre de procès, avait demandé que je sois introduit sous protection policière. Nous avions attendu l'heure au commissariat de police, puis on nous introduisit par une porte de service jusqu'à la salle d'audience, déjà pleine.

Dès que je fus assis sur le banc de l'accusé, les photographes des journaux ou même de la TV locale se précipitèrent. La scène me semblait vraiment surréaliste : une telle affluence, tant de précautions policières, tant de journalistes pour quelques propos historiques ! Cela me faisait sourire et certains articles m'attribuèrent « *un sourire narquois* ».

Le déroulement de cette audience mémorable, qui dura 3 h 30, a été raconté et commenté dans tous ses détails par Vincent Reynouard dans une brochure intitulée *Les Victoires intellectuelles du Révisionnisme*, que je me contenterai de résumer brièvement et de placer en annexe de ce récit.

Mes amis révisionnistes ne savaient pas encore comment je réagirais. D'autres en effet s'étaient reniés devant les juges. Ce ne fut pas mon cas. J'annonçai d'emblée la couleur en déclarant qu'en tant que chrétien j'étais fier d'être persécuté pour la vérité. Je fis front et restai ferme dans mes opinions. J'exposai calmement les circonstances qui avaient provoqué ma réaction de légitime défense, la continuation normale de mon enseignement jusqu'au 31 mai.

Je me défendis pied à pied contre les accusations du président Schoendorff, qui ne tenait pas compte de mes réponses, car elles l'embarrassaient. Aussi prit-il le parti de lire et faire lire *in extenso* les témoignages d'élèves, pendant plus d'une heure, accumulant ainsi les accusations sans me laisser la possibilité d'y répondre.

Ce débat était décalé, ne portait pas sur l'essentiel. On voulait faire semblant que je refusais d'avouer mon crime. Alors, on me lançait à la tête les témoignages fantaisistes des élèves pour m'obliger à nier. Au contraire, je ne demandais qu'une chose : répéter exactement les rectifications historiquement fondées que j'avais exposées à mes élèves.

Si les juges n'étaient pas des Tartuffes, le procès aurait pu se limiter à cela : j'aurais énoncé quelques propositions révisionnistes, les juges auraient constaté que la loi interdit la libre expression de ces opinions, mêmes fondées, et qu'ils devaient appliquer la loi.

Mais il faut croire que leur position est si fragile qu'ils ne peuvent pas prendre le risque de laisser s'exprimer intelligemment un révisionniste. Pour le condamner, il faut qu'ils déforment ses propos, afin que le grand public accepte mieux la condamnation. C'est pour la même raison que des journaux titreront : « *Il aurait nié l'existence des camps de concentration* », reprendront les propos déformés par les élèves ; la palme revient à *La Voix du Nord* qui plaça son article sous le chapeau **Pédophilie**.

Pour en revenir à l'audience, plusieurs témoins à charge furent appelés à la barre.

D'abord le nouveau Principal du collège de Lemberg, J. M. Burt. vint dire que ma réintégration y était impossible. Nous nous connaissions bien ; nous avions été collègues à Bitche et lorsqu'il venait pêcher dans le Falkensteinerbach devant chez nous, nous bavardions souvent amicalement. Mais l'idéologie et la carrière passent avant la loyauté. M. Burt était de gauche, syndicaliste à la FSU et membre influent du MRAP à Niederbronn. Conseiller municipal d'opposition dans cette ville, il s'est fait la réputation d'un opposant systématique. Difficile d'attendre un témoignage impartial d'un tel homme.

À partir de ce moment, il ne vint plus jamais pêcher dans la rivière du Leitzelthal. Aurait-il eu honte ?

Vint ensuite le témoignage d'un spécialiste du « *négationnisme* », Alain Bihr, qui en réalité n'avait jamais lu les révisionnistes, puis un « *historien* », Pierre Aycoberry, incapable de citer les six prétendus camps d'extermination de Pologne à la demande de Me Delcroix, enfin, une ancienne déportée à Auschwitz — qui en est donc revenue —, Mme Sophie Pollack, qui prétendit prouver la réalité des chambres à gaz en affirmant qu'elle avait senti de mauvaises odeurs, et vu des flammes sortir des cheminées, et, ce qui est bien triste mais conséquence de la guerre, avait perdu de nombreux membres de sa famille dans les camps.

Et pendant cette longue audience les partisans de l'accusation purent manifester ouvertement leur indignation ou même leur haine, mais lorsque mon épouse en faisait autant en ma faveur, elle se voyait tout de suite menacée d'expulsion. Toujours deux poids, deux mesures !

L'avocat des parties civiles, Me Raphaël Nisand, commença par reconnaître que toute la politique d'après guerre, y compris la création de l'Europe de Bruxelles, dépendait de la reconnaissance de la Shoah, aveu qui pouvait fort bien se retourner contre lui et les siens, et on avait presqu'envie de l'applaudir. Il justifia la loi Gayssot, en vertu de laquelle on me poursuivait, par le scandale de Carpentras, qui fut en fait une manipulation politique contre le FN qui n'y était pour rien.

Il prétendit que le but des révisionnistes était de recommencer l'extermination des juifs, qu'ils accusaient les juifs d'avoir inventé la Shoah pour créer Israël et empocher de l'argent, ce qui n'était pas tout à fait faux.

Il reconnaissait le manque de preuves du génocide, mais en tirait la conclusion absurde que cela renforçait la culpabilité des Allemands, assez pervers pour avoir effacé toutes les traces de leur crime.

Pour lui, j'étais un «*poison pour la démocratie et pour l'esprit humain*», «*un nazi sans les bottes*». Je devais être d'autant plus sévèrement puni que j'avais intoxiqué de pauvres élèves sans défense.

Bref, une plaidoirie haineuse, fondée plus sur les sentiments que sur les arguments, pleines d'injures et d'affirmations non fondées, celle d'un vrai commissaire politique.

Le Procureur Marot ne fut pas plus juste. Il prétendit que j'avais renié mes opinions, alors que durant toute l'audience je les avais maintenues, ce que m'avait reproché Me Nisand («*M. Berger n'a pas de regret. Il l'affirme et signe*»).

Il se défendit ensuite d'avoir laissé passer le délai de prescription, puis, sur le fond, il voulut se faire historien, mais ne put que montrer son ignorance du dossier historique.

Sans doute avait-il quelque sympathie pour le F. N., car il s'attacha à montrer qu'il n'y avait pas complot politique, que c'était le révisionniste qui était poursuivi et non le militant du FN. Il n'empêche que mes concurrents aux élections avaient été bien contents de profiter de cette affaire pour m'éliminer de la scène politique ; je savais aussi que le député socialiste Maurer, mon ancien collègue, avait soutenu les dénonciateurs Ferstler. Et si le révisionnisme n'a rien à voir avec le FN, M. Marot pourrait-il nous dire pourquoi on amalgame toujours Le Pen avec Hitler et l'extermination des juifs. La semaine de la haine qui suivit le scrutin du 21 avril 2002 en fut plus tard un exemple éclatant. Il est clair qu'il n'y aura jamais de victoire des nationaux tant qu'on leur collera l'étiquette infamante de nazis pourvoyeurs de chambres à gaz.

Le Procureur affirma aussi, sans rire, que «*les élèves viennent en classe pour apprendre, pour être éduqués, pas pour être déformés*». Quelle aveuglement ou quelle hypocrisie quand on sait que l'Éducation Nationale est à gauche et forme des électeurs pour la gauche, cela depuis sa création par Jules Ferry.

Il réclama enfin la peine maximale : un an de prison ferme et 300000 francs d'amende, tout en déplorant que la loi ne lui permît pas d'être encore plus sévère.

Vint alors la plaidoirie de Me Delcroix. Sur la forme, il stigmatisa d'abord les carences du juge d'instruction ; les délais de prescription étant dépassés, il aurait dû prononcer un non lieu. Ensuite il fit valoir qu'une salle de classe n'était pas un lieu public.

Sur le fond, il fit remarquer que les propos dont on me faisait grief et sur lesquels on devait me juger exclusivement, étaient contradictoires et fantaisistes, plus dignes de figurer dans un recueil de perles de Jean Charles que dans un acte d'accusation. Le tribunal n'avait ni pu, ni voulu reconstituer les propos réellement tenus.

Puis il démontra, citation du jugement du TMI de Nuremberg à l'appui, que je ne pouvais être condamné que s'il était prouvé que j'avais formellement affirmé qu'Auschwitz et Tréblinka n'étaient pas des camps d'extermination, seuls camps cités dans le jugement.

Non, en réalité, le tribunal se moquait bien des faits précis. J. L. Berger devait être condamné parce qu'il était révisionniste. C'était donc un procès d'intention. Point de vue confirmé par la passion injustifiable de l'accusation qualifiant son client de «*poison pour la démocratie*».

Il conclut en invitant le tribunal à se défendre de ses passions et à juger J. L. Berger selon les principes du droit et demanda la relaxe pure et simple.

Le verdict fut mis en délibéré au 15 mai 2000. Il fut sans surprise. Toutes les accusations de l'ordonnance de renvoi étaient retenues. On m'accusait en plus d'avoir dit que la déclaration de guerre avait été faite par les Alliés, ce qui est un fait incontesté. Cette seule accusation suffit à montrer la partialité des juges, ou, pis, leur ignorance.

On pouvait se demander à quoi avait bien pu servir l'audience du 20 mars. Ce n'était qu'un procès pour la forme ; j'étais condamné d'avance.

Pour faire bonne mesure, on m'accusait d'avoir contesté les faits, alors que j'avais seulement contesté l'exactitude des témoignages d'élèves.

On reprenait l'accusation erronée de l'inspectrice Dominique Pierrel, selon laquelle j'aurais manipulé un document, ne tenant aucun compte de mes explications : l'inspectrice s'était trompée en prenant le document sur Internet, ce que la cour aurait pu chercher à vérifier.

Le jugement mettait en doute le fait que ma démonstration eût été appliquée à la Boelke Kasern de Nordhausen, au prétexte que les élèves n'avaient pas retenu, une semaine après le cours, le nom exact et ne l'avaient pas mentionné dans leurs comptes-rendus. On en concluait que j'avais simplement affirmé que dans tous les camps les gens auraient été victimes de bombardements alliés.

Je devais encore être condamné pour avoir affirmé que les professeurs étaient obligés d'enseigner l'histoire officielle, exigence qui avait pourtant été reconnue par l'inspectrice et par le principal.

Enfin, j'étais d'autant plus coupable que je m'étais attaqué à des enfants. Mais la propagande laïque, républicaine, démocratique, holocaustique ne s'adresse-t-elle pas à tous les enfants et à chaque instant !

Sur l'action civile, le tribunal déclarait les 7 parties civiles recevables (FNDIRP – ADIF – FSU – MRAP – LICRA – Ligue des Droits de l'Homme de la Moselle – Parents Ferstler).

Il me condamnait donc à 10 mois d'emprisonnement avec sursis (pour ne pas faire de moi un martyr, et nullement par clémence !) et à des indemnités aux parties civiles dont le total s'élevait à 77000 francs.

On a beau s'y attendre, on ne peut s'empêcher d'être découragé devant tant d'injustice. Aussi, faire appel de ce jugement inique me parut d'abord inutile ; puis je me ravisai : l'appel permettait de suspendre le versement des indemnités et surtout il était le passage obligé pour en appeler à la Cour de Cassation.

Il faut signaler aussi que cette affaire avait été médiatisée à outrance. Les journaux régionaux (*Républicain Lorrain*, *Dernières nouvelles d'Alsace*, *La Voix du Nord*, ...) et nationaux (*Le Monde*, *Le Figaro*, *Libération*) y avaient consacré des articles, tous aussi tendancieux, déformant mes propos et me diabolisant. Radio et télés ne furent pas en reste. Même en Belgique, puisque ma belle-sœur m'avait aperçu à la télévision. Le film de Francis Girod diffusé sur Canal Plus le 29 juin 1999 et intitulé *Terminale* avait même justifié l'assassinat par ses élèves d'un professeur mal pensant.

L'heureux effet de cette couverture médiatique fut que je reçus des appels de sympathie de toute la France, de mes amis du FN et de mes parents.

Je fus d'abord surpris d'une telle publicité, dont je comprends mieux les raisons aujourd'hui. En effet, j'avais mis les pieds dans le plat. À un moment où l'on s'apprêtait à intensifier la propagande holocaustique dans les écoles, il fallait étouffer dans l'œuf toute velléité de résistance et terrifier tous les professeurs, « *endiguer le flot montant de tous les Bergers de la Terre vers les crèches révisionnistes* », comme l'a dit avec humour un article de l'hebdomadaire *Rivarol*.

À partir de ce moment là, on ne compte plus les actions d'endoctrinement ; une nouvelle matière est mise au programme, l'enseignement de la Shoah. On fait lire *Le Journal d'Anne Frank*, *Si c'est un Homme* de Primo Levi, on envoie à 100 000 exemplaires dans les écoles le livre pédagogique *Dites-le à vos enfants*, accompagné d'une mallette pédagogique réalisée par l'association juive Yad Layaled France à l'intention des classes de CM2. Des survivants miraculeux viennent témoigner dans les écoles. On emmène les élèves à Auschwitz, au Struthof, on fait porter à des élèves de 8 ans une étoile jaune, on fait dessiner des camps de concentration en cours d'arts plastiques. J'en passe et des meilleures. C'est à qui rivalisera de zèle pour plaire au lobby.

Et après cela, c'est moi qu'on accuse d'avoir violé la conscience des élèves !

Un comble !

VI

Le Procès en appel

Je fus appelé à comparaître devant la chambre des appels correctionnels de Metz le mercredi 9 août 2000.

C'était une belle journée d'été. Mon épouse et quelques amis venus de Mulhouse m'accompagnaient. Comme nous attendions dans l'escalier l'ouverture de la salle d'audience, partisans et adversaires mêlés, nous surprîmes une conversation intéressante :

— Eux, au moins, ils ont de la chance ; ce Me Delcroix est un excellent avocat.

— Oui, Me Nisand n'est pas à la hauteur.

C'était bien vrai et réconfortant.

Madame Staechele, Président de chambre, m'interrogea avec un parti-pris accusateur évident. Je maintins toutes mes positions antérieures. Je ne rappellerai qu'un incident significatif : j'avais pris la précaution de me munir d'un exemplaire de *L'Express* du 30 décembre 1998, d'où était tiré le document utilisé en classe, et lorsque la Présidente m'accusa de manipulation, je le brandis devant la cour et l'assistance. Au lieu d'examiner cette pièce à conviction, elle me réprimanda et me demanda de changer de ton.

Me Delcroix reprit les demandes de nullité formulées en première instance : le délai de prescription avait été dépassé, les faits n'avaient pas été commis dans un lieu public, les parties civiles époux Ferstsler, FSU, et MRAP de la Moselle étaient irrecevables.

Me Nisand, avocat de toutes les parties civiles reprit à mon encontre toutes ses accusations malveillantes, projetant sur moi ses propres sentiments de haine.

L'Avocat général, M. Chevalier, qui mérite bien mal son nom, demanda 12 mois de prison, avec sursis pour ne pas faire de martyr, la publication dans trois journaux et l'affichage à l'entrée de l'établissement scolaire pendant un mois.

Comme il se doit, on me laissa la parole en dernier et je regrette de n'en avoir pas mieux profité. J'aurais pu broder sur le thème de la haine :

« On me prête des intentions haineuses, discriminatoires, exterminatrices même ! Or, toute ma vie pacifique et honnête prouve le contraire. D'ailleurs, puisqu'aujourd'hui la haine est devenue un délit, de l'accusateur ou de l'accusé, qui est le plus haineux ? Celui qui a toujours respecté ses élèves, au point même de risquer les foudres de la police de la pensée, Un homme qui met la vérité au-dessus de sa carrière et de son confort personnel ? Ou bien, au contraire, ceux qui s'acharnent sur un père de 4 enfants, professeur honnête et consciencieux, auquel on n'a jamais reproché aucune violence, ceux qui se réjouissent de lui voir perdre son gagne-pain et celui de sa famille, ceux qui intriguent pour sa ruine financière, qui ont tenu sur son compte des propos excessifs (venin, poison, violeur de conscience, empaleur de cadavres…) ? Oui, je vous le demande, de quel côté est donc la haine ?

Car, ce qui pousse ceux que vous appelez à tort « négationnistes », ce n'est pas la haine, c'est l'amour des innocents. Tant qu'on n'a pas découvert ou désigné les vrais coupables d'un crime, on peut suspecter tous les innocents. Lorsqu'il y a meurtre, le point capital consiste à disculper les innocents.

Un siècle après l'affaire Dreyfus, on se félicite d'avoir sauvé un innocent. À l'inverse, pendant 60 ans, on accuse des millions d'êtres humains d'un crime épouvantable qu'ils n'ont pas commis et, pire, on refuse d'examiner honnêtement s'ils l'on réellement commis.

Et faute d'avoir en temps voulu dénoncé les vrais culpabilités

— la guerre idéologique des démocraties, les épidémies, les bombardements de terreur sur l'Allemagne — c'est le monde entier qui se voit aujourd'hui accusé d'avoir perpétré un génocide ou de l'avoir laissé commettre.

Mais n'est-ce pas la méthode du voleur qui crie « au voleur » pour détourner l'attention, celle du criminel qui machine des indices pour faire accuser un innocent à sa place.

C'est pourquoi, Messieurs les juges, je ne regrette rien, car j'ai agi par amour de la vérité et surtout par compassion pour une multitude d'innocents punis pour des crimes qu'ils n'ont pas commis. »

Hélas, ces mots ne me sont pas venus au bon moment..

L'affaire fut mise en délibéré au 27 septembre 2000.

Ce jour là, j'étais dans une chambre d'hôtel en Autriche. Comme intérimaire, j'accompagnais l'employé d'une firme française vendant des éviers dans les magasins Bauhaus. Notre tâche consistait à installer ces éviers dans les présentoirs. Le soir du 27, je téléphonai à mon épouse pour connaître le verdict. Il était sévère :

- 12 mois d'emprisonnement avec sursis
- 40000 francs d'amende.
- Publication du présent arrêt au journal officiel (3000 francs), dans le *Républicain Lorrain*, éditions de Metz, Sarreguemines et Bitche, 3000 francs, dans les *Dernières Nouvelles d'Alsace*, 3000 francs, dans le *Monde* et le *Figaro*, 20000 francs.
- 20000 + 5000 francs à chacune des parties civiles suivantes : Fédération nationale des Déportés et Internés Résistants et Patriotes, Association départementale des Déportés Internés et Familles de Disparus du Bas-Rhin, La Ligue Internationale contre le Racisme et l'Antisémitisme.

Puisque le tribunal avait dû admettre que les autres parties civiles n'étaient pas recevables — bravo Me Delcroix ! — il augmentait les indemnités dues aux trois parties restantes ; comme s'il avait fallu à tout prix me ruiner.

Je me demande encore quel tort véritable j'avais pu faire à ces associations, qui ait pu ainsi justifier une réparation financière. Rien ne les empêchait de répondre à mes assertions révisionnistes par leurs propres arguments, plutôt que par des injures ou le recours à la justice. N'est-il pas également profondément immoral que des associations déjà grassement subventionnées par l'Etat exigent en plus des indemnités. Plus elles dénoncent et plus elles font condamner, plus elles touchent. Comment croire dès lors à leur impartialité et à leur souci de la justice. C'est comme si les juges recevaient une commission sur les condamnations qu'ils prononcent.

Examinons maintenant les attendus de ce deuxième jugement.

Le tribunal refuse d'abord de reconnaître la prescription et pour justifier sa décision il développe une page et demie d'arguties juridico-temporelles et de considérations obscures et quasiment incompréhensibles pour le profane, pour aboutir à l'affirmation que « *la prescription n'est pas acquise au profit de Monsieur Berger* ».

On peut se demander si ce n'était pas là une façon de prouver leur bonne volonté, de satisfaire aux pressions médiatiques et aux exigences de leur carrière, tout en laissant une chance au prévenu. Ils pourraient ainsi soulager leur conscience en espérant que la Cour de Cassation annule un jugement aussi mal fagoté.

Il fallait ensuite décider si une salle de classe peut-être considérée comme un lieu public, vu que la loi Gayssot fait partie de la loi de 1881 sur la liberté (sic) de la Presse. La Cour reconnaît que la salle de classe n'est pas un lieu public par nature. Elle le serait devenue parce que mon discours a été tenu à l'occasion d'heures de cours obligatoires, que j'aurais unilatéralement imposé le sujet à mes élèves, que je n'étais pas professeur d'histoire, que j'aurais voulu « *malicieusement* » faire de mes propos une tribune politique à destination de l'extérieur.

Autant d'attendus que l'on peut récuser : *primo*, la propagande théâtrale de mes collègues avait été imposée et même à tous les élèves du collège, par des professeurs d'histoire mais aussi de français ; *secundo*, je n'ai fait que réagir à un sujet imposé par d'autres, qui était clairement diffamatoire à mon égard ; *tertio*, le tribunal sonde-t-il les reins et les cœurs pour m'attribuer l'intention de publier indirectement et malicieusement mes opinions à l'extérieur du collège. Qu'il s'en tienne aux faits : je me suis défendu devant mes élèves et ai éveillé honnêtement leur esprit critique.

Sur la réalité des propos reprochés au prévenu, le tribunal refuse contre l'évidence d'admettre que mes paroles aient pu être déformées par les élèves. Il refuse de me condamner pour ce que j'ai dit exactement, car ce serait ouvrir le débat historique. Aucune des vérités historiques que j'ai énoncées n'a été discutée par le tribunal. Quand je dis qu'à Auschwitz on est passé officiellement de 4 millions à un peu plus d'un million, le tribunal refuse de vérifier. Quand je dis que l'enseignement de l'histoire à l'école n'est pas conforme à l'avis d'historiens reconnus officiellement (J.-C. Pressac, Martin Broszat par ex.), le tribunal ne veut pas le savoir.

Bref, au lieu d'examiner des faits, des documents avec exactitude, on me prête des intentions malveillantes et perverses. On jugea donc mon cas pendable et l'on cria haro sur le baudet négationniste. La *peine fut aggravée, les juges de première instance ayant été estimés « trop bienveillants »* (sic) ; elle fut alourdie d'une amende et de tout ce que j'ai déjà précisé plus haut.

N'hésitons pas à faire connaître les signataires de ce courageux verdict :

Madame Staechele, Président de chambre, Madame Fichter et Mlle Ott, conseillers, en présence de M. Chevalier, Avocat général, assistés de Madame Melaye, greffier.

Sur les conseils de Me Delcroix, je me pourvus en Cassation. Cet excellent avocat acceptait d'être payé plus tard, en cas de succès.

En effet, le pourvoi en cassation n'étant pas suspensif, les sycophantes et les huissiers vinrent bientôt à la curée. Je retardai le paiement tant que je pus et subis plusieurs sommations d'huissier. J'eus un jour la surprise d'apprendre que notre habitation familiale avait été hypothéquée. Heureusement, Ma Mère et mes amis Guillaume me prêtèrent l'argent nécessaire, sinon, il aurait fallu vendre cette maison que nous n'avions même pas fini de payer. Cet argent, je refusai de le donner volontairement, quoi qu'il en coûtât ; ils me le volèrent sur mon compte en banque.

J'étais donc ruiné et endetté, et mon traitement de fonctionnaire de l'Éducation Nationale avait été réduit de moitié. On exigeait même des remboursements de trop perçus !

VII

La Révocation

*P*uisque la *« justice »* *m'avait condamné*, l'Éducation Nationale pouvait dès lors réunir le conseil de discipline. Il fut convoqué au mois de décembre 2000. Je lus ma défense devant une assemblée d'une quarantaine de membres aux visages fermés. Ils ne pouvaient prendre le risque de manifester la moindre sympathie pour la brebis galeuse. Aucun débat, aucune question, aucune demande de précisions. Comme devant la justice d'État, il était clair que l'affaire était entendue d'avance, ce qui ne peut étonner de la part d'un aréopage de syndicalistes et de fonctionnaires.

Je leur remis le texte de ma défense. Je ne répéterai pas tous les arguments déjà ressassés et citerai seulement le début et la conclusion :

« Mesdames, Messieurs,

Vous allez décider de ma carrière et de la subsistance de ma famille. Pendant mes 20 ans de professorat, mes supérieurs n'ont jamais eu à se plaindre de moi, j'ai toujours eu des rapports corrects avec mes collègues et toujours respecté mes élèves. Peut-on tirer un trait sur tout cela à cause d'une mise au point d'une heure dans chacune de mes deux classes de troisième, en réponse à une diffamation publique de la part de mes collègues de français et d'histoire, et dans un élan d'indignation devant une opération de propagande politique, alors que la laïcité impose au contraire la neutralité.

[...]

J'estime que mon action a été tout à fait conforme à mes devoirs d'enseignant : formation de l'esprit critique et respect de la conscience de mes élèves (dans une société où l'on reconnaît unanimement les effets destructeurs sur la conscience des enfants dès 20 heures passées chaque semaine devant la télévision, sans pour autant traîner en justice les responsables !). En quoi l'affirmation par un enseignant de vérités historiques reconnues serait-elle un fait très grave dans un collège ? Au contraire, cela a été fait dans un esprit de justice et de respect des élèves, pour rétablir une neutralité politique bafouée. Henri Barbusse a dit : « *Le mensonge c'est de se taire ; la mauvaise action, c'est de ne rien dire* ». Faut-il rappeler que la neutralité est un principe affiché de l'Éducation Nationale ? Dans *Vous avez dit laïque*, Jean Andrieu écrit : « *Si la mission laïque de l'école ne peut en aucun cas conduire à inculquer à quiconque quelque dogme que ce soit, sa vocation l'invitera à mettre sans cesse à la question les concepts et les tabous* », et ailleurs : « *Il faudra dire et redire bien haut qu'ils se placent d'emblée hors de la loi laïque tous les oppresseurs de la conscience humaine.* »

Pour conclure, vous ne pouvez sanctionner un homme soucieux d'exactitude historique, qui s'est contenté de répéter ce qui avait été dit par Jean-Claude Pressac, Martin Broszat, et les rédacteurs du *Monde*. Et vous ne pouvez prêter arbitrairement des intentions haineuses à un homme qui a toujours vécu pacifiquement et honnêtement. Vous pouvez encore faire mentir la chanson et ne pas exécuter celui qui a dit la vérité. »

Notre ami juif Roger Dommergue Polacco de Menasce, m'avait remis une lettre à lire pour ma défense. Je ne suis pas sûr que cette lettre ait pu mieux disposer les conseillers à mon égard, car on n'aime pas s'entendre dire ses quatre vérités. Jugez-en vous-mêmes, voici le texte ; attention, ça décoiffe !

**À toutes les instances de l'État ou de l'administration qui auront à statuer au sujet de l'affaire dérisoire
Concernant Monsieur Jean-Louis Berger**

Mesdames, Messieurs,

Quand on prend connaissance de l'ensemble du dossier Berger, de son inculpation, de sa condamnation, on reste pantois devant cette quintessence d'Ubuisme...

Mustapha Mond du «*Meilleur des Mondes*» d'Huxley, Big Brother de «*1984*» de George Orwell sont dépassés. Décidément, donner et la police et la justice et la politique à mes congénères, ils ne seront plus ridicules, et voilà le XXème siècle triomphant dans une abjecte décadence. (et le XXIème siècle s'annonce pire).

Ce qui frappe dans ce dossier dès qu'on l'a lu et médité, c'est qu'il n'y a RIEN dedans. Je n'y ai rien trouvé, sinon l'hystérie de mes congénères (je suis juif, hélas !) et le larvisme érigé en système de la politique, de la justice, de l'administration.

Il suffit qu'un congénère apparaisse à l'horizon, tenant dans ses mains un panneau sur lequel est inscrit en lettres indélébiles «holocauste» (comme si depuis 50 ans il n'y avait pas eu des millions d'holocaustés dans le monde de Rothschild et de Marx !), et tout le monde se met à plat ventre. Moi, juif, je trouve cela absolument et radicalement répugnant.

L'ensemble des «témoignages» des enfants de troisième (en dehors d'une orthographe, d'une syntaxe et d'une confusion sémantique dont auraient rougi mes élèves du BEPC à l'époque où je commençais ma carrière d'enseignant), sont farfelus, contradictoires, chaotiques, imprécis, inventés, ambigus, confus, j'en passe et des meilleurs.

Prendre un tel magma pour le produire en justice, c'est vraiment prendre les juges pour des imbéciles. Faire dire à un professeur de collège «*qu'il a nié l'existence et de Hitler et de camps de travail où étaient concentrés les adversaires politiques*», dépasse les bornes de la stupidité et on se demande comment on peut donner importance à une telle confiture.

Dans cet aberrant magma on peut trouver des traces fumeuses de ce qu'a vraiment dit M. Berger et qu'il a précisé lors des audiences en justice.

Ce qu'il a dit ressortit à l'officialité médiatique notamment. Il ne saurait être question de reprendre sa propre précision, mais il est certain que :

Ce sont mes congénères qui ont déclaré la guerre à Hitler en 1933 (preuves officielles connues),

C'est l'Angleterre qui a initié le conflit en 1939. La France s'est mise à la remorque servile de l'Angleterre en déclarant la guerre anticonstitutionnellement, puisque les deux chambres n'ont pas été convoquées,

Que le traité de Versailles était « *un traité de rapines qui préparait une seconde guerre mondiale* » (Lloyd George),

Que la république de Weimar était un régime de pourriture où mes congénères étaient prédominants, et qu'il y avait 6 millions de chômeurs, c'est-à-dire 21 millions de gens qui mouraient plus ou moins de faim si l'on considère ceux qui dépendaient d'eux,

Qu'Hitler a voulu rassembler les terres de langue et ethnie allemandes,

Que son régime économique refusait la dictature de la finance et du marxisme,

Que Chamberlain, premier ministre britannique a écrit à sa sœur en 1939 : « *C'est l'Amérique et les juifs qui nous contraignent à la guerre* »,

Que Raymond Aron a affirmé au forum tenu en Sorbonne sur les Révisionnistes qu'il n'existait aucune preuve d'un ordre d'extermination des Juifs par le gaz,

Que *l'Express* a publié le fait que « *tout était faux dans la reconstitution d'une chambre à gaz à Auschwitz* »,

Que le nombre des victimes juives clamées par les exterminationistes se rapprochent furieusement de celui des Révisionnistes (Voir « *Le Marché de l'Holocauste* » de Finkelstein),

Que les morts présentés sur les photos n'avaient rien, absolument rien à voir, avec un éventuel gazage, mais qu'il ne pouvait s'agir que des morts de faim lorsque les bombardements alliés empêchaient le ravitaillement des camps, ou des morts dus aux bombardements massifs sur les villes de plus de 100000 habitants, holocaustant femmes et enfants dont on ne parle jamais.

Que serait-il donc arrivé à Monsieur Berger, si, à l'instar de mes congénères Finkelstein (« *Le Marché de l'Holocauste* ») ou de Schulmann (« *Le Spectator* », janvier 99), il avait affirmé que « les extorsions forcenées sous le prétexte de l'holocauste et induites par mes congénères allaient préparer l'antisémitisme du XXIe siècle ? »

Tout cela est officiel et M. Berger n'a rien à se reprocher. J'ai dû moi-même en dire plus que lui dans mon énumération et mon souci des faits et de la vérité.

Il est victime d'UN parent d'élève, probablement une congénère (le contraire m'étonnerait). Ce n'est sûrement pas toute une association de parents d'élèves qui s'est associée à une telle farce. Alors, bien entendu, tout le monde s'est mis à plat ventre.

Ce qui est remarquable c'est que, selon la finalité normale d'un professeur, M. Berger a enseigné à ses élèves à réfléchir, à considérer les faits, à méditer : il est rafraîchissant de penser qu'il y a encore des professeurs pour lesquels le zombifiage des gosses n'est pas la norme pas plus que l'exclusif et insistant exposé obligatoire sur l'holocauste, mais JAMAIS sur les 80 millions de morts du bolchevisme de Kaganovitch...

Je suggérerais à la justice d'inculper Finkelstein et Schulmann pour antisémitisme patent en application de la loi Gayssot, que Monsieur Toubon, devenu ministre de la justice, affirmait « *qu'elle était une loi pour crime de la pensée et qu'elle ne serait jamais appliquée* ».

Cette affaire Berger est à la fois grotesque et abjecte. Elle est une singulière illustration de notre dégénérescence. Elle procède comme je l'ai dit d'un LARVAIRISME SYSTÉMATIQUE devant la toute puissance caricaturale de mes congénères.

Il serait souhaitable que Monsieur Berger qui n'a dit que des choses connues de tout le monde, soit laissé en paix.

Il faudrait que les Goyim que mes congénères taxent de «*vile semence de bétail*» dans le *Zohar*, se secouent un peu et récupèrent leur liberté et leur fierté dont ils sont radicalement privés en pseudo démocratie, qui n'est en réalité que la dictature féroce du fric et du marxisme...

Agréez, Mesdames, Messieurs, l'assurance de mes sentiments déférents,

(signature)

Pour être franc, je n'osai pas lire cette lettre devant le conseil de discipline. Je signalai seulement que j'avais une lettre de soutien d'un ami juif, docteur en Sorbonne, et que je la versais au dossier. Le contenu en fut-il communiqué à l'assemblée après mon départ et avant la délibération ? Je ne l'ai jamais su.

Je croisais peu après Jean-Marie Fischer, le principal, dans le couloir. Il me lança un regard peu amène. J'avais été un empêcheur de tourner en rond, un trouble fête. Peut-être sa bonne conscience avait-elle commencé à perdre de sa sérénité à cause de moi, du moins je l'espère pour lui. Pour tous ceux qui ne veulent pas voir et qui ne veulent rien savoir, j'avais été un importun.

Je dus attendre encore plusieurs mois pour connaître la décision du conseil de discipline. Bienheureuse lenteur administrative, puisque je percevais encore un demi salaire !

Le verdict me parvint en mai 2001 : j'étais révoqué définitivement et privé de revenu.

D'ailleurs, le fait que, depuis mai 1999 jusqu'à mai 2001, j'aie continué à percevoir mon traitement d'abord, puis un demi traitement avait le don de mettre en fureur mes adversaires juifs et communistes, qui me poursuivaient d'une haine talmudique et auraient voulu me voir ruiné et réduit à la mendicité le plus tôt possible.

J'ignore encore ce qui a motivé cette générosité. Était-ce une faveur, ou bien une obligation liée au statut des fonctionnaires, ou bien encore – et cette hypothèse a ma préférence – une manière d'apaiser sa conscience et de se faire pardonner une injustice qu'on ne commettait que sur la pression d'un lobby tout puissant et impitoyable ? Je ne sais.

On ne peut nier qu'il y ait parmi les juges et les serviteurs de l'État beaucoup de résistants de la dernière heure, qui attendent la retraite pour exprimer certaines vérités qu'ils n'auraient jamais eu le courage de reconnaître durant leur activité.

Voici une anecdote révélatrice. Les commandes de verres à miel pour le syndicat de Bitche étaient centralisées à l'époque à Sarreguemines chaque année, chez un principal de collège à la retraite et nous nous y rendions pour disposer les pots dans des cartons et prendre livraison. Lorsqu'on lui fit connaître mes propos révisionnistes, il s'exclama « *Mais tout le monde le sait !* ».

Eh ! Oui, beaucoup savent la vérité mais ils se taisent.

VIII

Un professeur RMIste

Sans revenu désormais, ayant dû débourser plus de 4 000 euros pour conserver mes droits à la retraite complémentaire IRCANTEC, dans l'obligation de continuer à rembourser des mensualités de 330 euros jusqu'en 2005 pour finir de payer la maison, il fallait trouver une solution.

Retrouver du travail à 55 ans n'est pas facile. Toute forme d'enseignement m'était désormais interdite. Les écoles dites libres, dépendent en fait entièrement de l'État, vu qu'elles sont sous contrat. Dans un organisme de cours particuliers, Pro Domo à Strasbourg, on me fit comprendre qu'on me connaissait et qu'on n'embaucherait jamais un déviant comme moi.

J'étais inscrit à l'ANPE, mais je ne reçus aucune proposition d'emploi correspondant à ma qualification.

Je décidai alors de me débrouiller tout seul. D'abord, j'obtins le bénéfice du RMI, soit 550 euros par mois, pour mon épouse et moi. Je fabriquai de nouvelles ruches, je multipliai les colonies. J'augmentai les surfaces consacrées au jardinage. Je continuai à faire du bois en forêt, puisqu'il nous en fallait 40 stères par hiver dans notre froide vallée. Je faisais du pain complet à la farine biologique pour la famille et quelques amis.

Ma mère fit le nécessaire pour que j'obtienne dès ce moment ma part d'héritage, afin de pouvoir payer toutes les sommes auxquelles on m'avait condamné, sans être obligé de vendre la maison.

Je n'oublie pas non plus tous les révisionnistes qui m'ont aidé depuis le début par leurs messages d'encouragement et par de petites sommes d'argent, des révisionnistes de France bien entendu mais aussi du monde entier. C'était parfois un billet de 20 dollars dans une lettre des USA.

Ainsi, tant bien que mal, nous avons réussi à survivre, en limitant les dépenses d'essence, les divertissements, et tout le superflu.

À propos du RMI, le dossier de demande était préparé chaque année par une assistante sociale de Bitche. Nous lui fîmes comprendre, ma femme et moi, que nous ne demandions pas mieux que d'exercer notre métier de professeur et que notre insertion ne dépendait pas de nous, mais de ceux qui nous avaient exclus (Où étaient donc passés tous les bons apôtres qui luttent contre l'exclusion ?). Elle reconnut elle-même que nous ne pourrions nous réinsérer qu'en acceptant de changer de convictions. Une sorte de condamnation à l'indignité nationale, comme en 1945.

Pour montrer jusqu'où peut aller cet ostracisme, voici ce qui arriva un jour : deux charmantes dames de Niederbronn viennent acheter du miel, s'émerveillent de voir qu'on peut acheter chez nous du bon pain et de bons légumes biologiques, disent qu'elles reviendront souvent profiter de l'aubaine. Le soir même, l'une d'elles téléphone : « *Nous savons qui vous êtes. Nous avons vu — trop tard — votre nom sur l'étiquette du pot de miel, mais sachez que nous ne remettrons plus les pieds chez vous, infâme négationniste.* » J'eus beau leur dire que je ne voyais pas bien le rapport entre le bon miel, le bon pain, les bons légumes et mes convictions historiques, que je n'avais nullement l'intention de leur vendre en prime, elles raccrochèrent rageusement. En fait elles faisaient partie du MRAP de Niederbronn.

Pour en revenir au RMI, je n'avais donc aucun scrupule à recevoir un peu d'argent d'un Etat qui m'avait spolié.

D'ailleurs, signalons au passage que cet Etat avait à notre égard d'autres dettes considérables. En effet, mon épouse avait assuré à la maison toute la scolarité de nos quatre enfants. Or un élève coûte environ par an à l'Etat dans le primaire 3000 euros, au collège 4500, au lycée 6000 (chiffres à réactualiser en 2007). En toute justice, l'Etat nous doit donc (3000 x 4) + (4000 x 4) + (6000 x 3) = 48000 euros. Nous avons donc payé des impôts pour l'école publique, sans bénéficier de ses services. L'Etat hypocrite reconnaît aux parents la liberté d'enseigner eux-mêmes leurs enfants : la loi stipule que l'enseignement est obligatoire, à l'école **ou à la maison**. Mais il se garde bien de rendre aux parents l'argent qui leur est dû, annulant ainsi l'effet de sa tolérance apparente.

Coup de théâtre fin 2001. Un soir de novembre, Arthur Matecki, un ami du Front National me téléphone : «*J'ai lu sur le journal que la Cour de Cassation avait annulé les jugements précédents*». Première nouvelle ! Je n'osais y croire et pris contact avec Me Delcroix qui n'en savait pas plus que moi et me promit de vérifier. Eh bien ! c'était vrai : la Cour de Cassation avait, au motif de la prescription, annulé sans renvoi les jugements précédents. Ce cauchemar là était fini. Merci, cher Me Delcroix !

On touche ici du doigt la froide insensibilité de la justice. Les journaux avaient été informés, mais pas le principal intéressé. L'arrêt datait du 30 octobre, et je ne fus fixé qu'un mois plus tard. La copie de l'arrêt ne me fut envoyée que le 5 juin 2002 par la cour d'Appel de Metz.

J'eus alors le plaisir non dissimulé de faire rendre gorge aux associations qui avaient déjà prélevé leur livre de chair. Me Delcroix s'en chargea, et finalement je recouvrai la totalité des sommes versées, y compris les frais d'huissier. Ce qui me permit de régler ce que je devais encore à mon avocat pour la préparation du mémoire de pourvoi.

Il fallait encore tenter une dernière démarche auprès de l'Éducation Nationale. Elle avait attendu les décisions de justice pour réunir le conseil de discipline. Maintenant que ces verdicts étaient annulés, elle pouvait me réintégrer. Ma demande fut bien entendu repoussée, au motif que la Cour de Cassation ne s'était prononcée que sur la forme, et qu'au fond j'étais toujours aussi coupable.

IX

Dernières conséquences.

L'affaire ne se terminait pas trop mal. Mais, si je n'étais pas ruiné, j'avais été tout de même exclu de la vie sociale et je devais travailler dur, physiquement, pour produire miel et légumes, et limiter au maximum nos dépenses.

Dans les années qui suivirent je travaillais toujours au maximum de mes possibilités physiques, d'abord avec enthousiasme, puis peu à peu, avec l'angoisse de ne plus pouvoir faire face.

Durant l'hiver 2005-2006, je coupai beaucoup de bois en forêt, et en février, j'eus un accident qui m'immobilisa pendant un mois et demi : un tronc glissa sur la pente et me passa sur le corps. Cela aggrava certainement mes inquiétudes et ma santé commença à se détériorer, sans que je comprenne vraiment ce qui se passait. Nul doute que les poursuites injustes et les tracas financiers m'avaient marqué plus que je ne l'aurais cru consciemment.

Je tâtonnai pour trouver ce que je pouvais bien manger pour aller mieux. Supposant que j'étais devenu allergique au gluten, je remplaçai le pain complet par des galettes de riz. Suppression du café, plats de crudité plus nombreux, fruits au petit déjeuner (fraises puis framboises du jardin), rien n'y fit.

En octobre, plutôt que d'aller faire une coloscopie à l'hôpital, je décidai de jeûner une semaine pour nettoyer mon organisme des toxines qui l'encrassaient peut-être. Au bout de trois jours je me sentais assez fort pour aller chez un voisin faire broyer des sacs de pommes pour faire notre provision de jus. Puis je pasteurisai 80 litres de jus. Au terme de ce jeûne, je me sentais un peu faible mais vraiment très bien. Et pourtant !

Il devint évident, quelques semaines plus tard, que mon état s'était aggravé.

Je fus bientôt obligé de m'arrêter de travailler pour des maux au bas du dos. Les soins de l'ostéopathe, pour une fois, n'eurent pas d'effet. De plus je commençais à avoir de fréquentes hémorragies rectales. Je me décidai à subir cette coloscopie à la clinique et c'est ainsi que le 19 décembre 2006, 6 jours avant Noël, j'appris que j'avais un cancer du rectum.

Ainsi, cette aventure révisionniste avait commencé à Pâques et s'achevait à Noël, sept ans plus tard. Après une sorte de chemin de croix, devais-je faire naître en moi un nouvel être, totalement libéré de tous les mauvais souvenirs.

Selon *« la médecine nouvelle »* du docteur G. Hamer, le cancer est une réaction de défense de l'organisme à la suite d'un choc psychologique insupportable. En particulier, le cancer du rectum serait lié à un souci du domaine financier. On guérit lorsqu'on prend conscience de ce choc et qu'on chasse toute peur et toute rancœur. Ce qui fait dire au Dr. Scohy, d'une façon provocatrice : le cancer c'est la vie. Je m'analysai donc le plus sincèrement possible. Et du coup, j'étais rempli de compassion pour ces innombrables malades du cancer qui ressentent leur mal comme une malédiction, et restreignent ainsi leurs chances de guérison.

Je pensais que cet examen de conscience, avec l'appoint de traitements naturels vantés par des amis, pourrait me guérir. Je pris 20 à 30 g de vitamine C par jour pendant 3 semaines ; pendant deux fois 10 jours, je fis la cure d'*Aloës Arborescens* ; j'essayai aussi l'*extranase* (extrait d'ananas) à haute dose. Mais comme les analyses montraient une progression du mal, je dus recourir l'artillerie lourde : radiothérapie, chimiothérapie, potentialisés et rendus plus ou moins supportables à l'aide des compléments alimentaires Beljanski. Mais ceci est une autre histoire.

C'était donc que ma révocation avait été ressentie comme une méchanceté immonde, infecte, totalement injuste, aggravée par les mensonges injurieux de la presse, par l'attitude partiale des juges, l'indifférence de mes collègues et la haine de mes persécuteurs juifs ou communistes. En le racontant, je viens de revivre tout cela en détail et je me rends compte que mon indignation est toujours aussi vive.

Toutefois, il me semble que le choc, l'impact psychologique avait été atténué par le fait que je l'avais ressenti en même temps comme une chance inouïe de quitter cette Éducation Nationale la tête haute. Comment aurais-je pu accepter l'intense propagande holocaustique qui allait suivre ? Je pouvais à la fois être fier d'avoir dit la vérité et heureux d'échapper à l'oppression idéologique. Ajoutons à cela la joie de pouvoir cultiver mon jardin, avec l'idée de pouvoir compenser la perte financière par mon travail.

Mais peu à peu, j'avais eu de plus en plus l'impression angoissante de ne plus pouvoir tout faire, surtout après le choc émotionnel très fort de l'accident en forêt. J'avais vraiment cru que ma dernière heure était venue et je m'étais retrouvé, quelques secondes après, contusionné, mais debout et vivant. Cette vision de l'arbre qui glissait à toute vitesse sur moi m'a longtemps poursuivi.

Et c'est sans doute cette angoisse qui a déclenché le cancer du rectum.

Encore que… D'après mon thème astral de naissance, avec la Lune opposée à Jupiter, ce serait plutôt mon foie qui aurait été le premier affecté, ce qui aurait perturbé ma digestion, puis provoqué l'irritation du rectum.

Mais, sur ces entrefaites, l'administration qui verse le RMI m'ayant obligé à demander ma retraite, j'obtins la pleine retraite à 60 ans pour inaptitude au travail. Ce n'était pas une faveur imméritée, comme je le crus d'abord, car j'étais bel et bien gravement malade sans le savoir. Mais désormais le problème financier était réglé. Je n'avais plus de souci à me faire. Il ne me restait plus qu'à restreindre toutes mes activités trop fatigantes physiquement et à réorienter ma vie vers la création intellectuelle, artistique et spirituelle ; à consacrer plus de temps à mon épouse dans des activités communes.

Sans ce coup d'arrêt du cancer, aurais-je pris cette décision ? Pas sûr. Les Déesses qui filent ma destinée m'ont mis aux arrêts de rigueur et j'en suis heureux. Ce que vous ne faites pas volontairement, le destin vous y contraint. Il m'a obligé à un examen de conscience approfondi ; il m'a donné l'occasion de faire le récit de mon aventure révisionniste et d'apporter ainsi mon modeste témoignage à ce combat, peut-être le combat actuel le plus exaltant et le plus décisif pour l'avenir de notre civilisation.

—=||=—

Tu es mort, ils l'ont voulu et elle nous a séparée.
Elle nous unit d'autant plus dans notre amour.
Je t'aime, tu me manques ...

Histoire sans censure d'État

NON CENSURÉE

Alfred Rosenberg est un homme politique, architecte et essayiste allemand, né le 12 janvier 1893 à Revalb et assassiné le 16 octobre 1946 à Nuremberg.
Membre du Parti national-socialiste des travailleurs allemands, il est aussi l'un des théoriciens du nazisme. Durant la Seconde Guerre mondiale, il occupe le poste de ministre du Reich aux Territoires occupés de l'Est.
Discours prononcé au Congrès du Parti à Nuremberg 1936. M. Alfred Rosenberg, chef de l'office de politique étrangère du Parti national-socialiste ouvrier allemand et représentant du Führer pour toute l'éducation spirituelle et idéologique du Parti, a ouvert le congrès du Parti national-socialiste pour l'année 1936 en prononçant le discours suivant, qui a été diffusé par tous les postes d'émission de la TSF.

ALFRED ROSENBERG

L'HEURE DÉCISIVE
DE LA LUTTE
ENTRE L'EUROPE
ET LE BOLCHEVISME

Discours prononcé au Congrès du Parti à Nuremberg

1936

2005

Tandis qu'au Stadion des Jeux olympiques à Berlin l'élite de la jeunesse de tous les peuples rivalisait d'émulation en de chevaleresques tournois au service d'une grande idée pacifique, nombre de nations se trouvaient ébranlées jusque dans leurs fondements par de terribles crises politiques et sociales. En Grèce, berceau des Jeux olympiques, l'État se voyait forcé de prendre des mesures de salut pour épargner à ses citoyens le sort qui fut celui du peuple russe. Ailleurs, les groupes hostiles s'étoffaient et se faisaient de plus en plus menaçants, et voici que dans la péninsule ibérique se déroule une horrible guerre civile, une guerre comme l'histoire du monde, la Russie mise à part, n'en a jamais vu d'aussi terrible : le peuple espagnol, décomposé en deux fractions et en proie, depuis des années, aux pires excitations de criminels bolcheviques, s'attaquant à lui-même, à toutes ses grandeurs passées, ainsi qu'à toutes ses virtualités d'avenir ! Et, à son tour, ce destin de deux partis aux prises en Espagne a réveillé les passions des autres peuples. Nous ne savons pas ce que l'avenir nous réserve de conflits effroyables, mais les grands règlements de notre époque ont commencé et ne seront certainement pas clos par quelque accommodement « démocratique ».

Format 140 x 216 x 2 mm, 32 pages.
ISBN-13 : 9781648580864

Pour compléter ses connaissances

NON CENSURÉE

Adolf Hitler, Alfred Rosenberg, Joseph Goebbels, Julius Streicher

GUERRE aux Juifs.

— Avant-propos.
— I. La main mise du juif sur l'Allemagne.
— II. Les conséquences de l'envahissement juif : la défaite de 1918.
— III. Le marxisme, triomphe du juif.
— IV. La juiverie étrangère contre l'Allemagne.
— V. Le racisme conséquence des abus juifs.

« Ce qui me donna le plus à réfléchir, ce fut le genre d'activité des Juifs dans certains domaines dont j'arrivai peu à peu à percer le mystère.

« Car, était-il une saleté quelconque, une infamie sous quelque forme que ce fût, surtout dans la vie sociale, à laquelle un Juif au moins n'avait pas participé ?

« Sitôt qu'on portait le scalpel dans un abcès de cette sorte, on découvrait comme un ver dans un corps en putréfaction un petit youtre tout ébloui par cette lumière subite. »

C'est en ces termes qui ne laissent place à aucune ambiguïté qu'Adolf Hitler, au début de *Mein Kampf*, parle de ses premiers contacts avec les Israélites.

Et Alfred Rosenberg, le grand théoricien du IIIe Reich, résume à son tour le Judaïsme en ces quelques lignes :

« En étudiant l'histoire et la littérature des Juifs, on y trouve presque uniquement une activité acharnée, sans bornes, un rassemblement tout à fait unilatéral de toutes leurs forces en vue de la propriété matérielle. De cette tournure d'esprit — presque amorale, peut-on dire — résulte aussi un code de morale qui ne connaît qu'un article : l'avantage du Juif. Ainsi admet-on, approuve-t-on même la fourberie, le vol, le meurtre.

« De là découle l'autorisation religieuse et morale du parjure, la religion talmudique du « Mensonge légal. » Tous les penchants naturellement égoïstes sont renforcés par cette « moralité » tolérante. Alors que, chez presque tous les peuples du monde, les idées morales et religieuses barrent la route à l'arbitraire purement instinctif et à la licence effrénée, chez les Juifs c'est l'inverse ! »

Format 127 x 203 x 6 mm, 110 pages.
ISBN-13 : 9781648587825

... Le Début ...

NON CENSURÉE

---◊---

À la Vieille Garde berlinoise du Parti.

Ouvrage destiné à expliquer l'histoire du NSDAP berlinois entre le 9 novembre 1926, au moment où Goebbels, chef du parti dans la Ruhr, arrive à Berlin pour reprendre en main le parti, et le 29 octobre 1927, date qui marque la levée de l'interdiction du parti nazi prononcée plusieurs semaines auparavant.

---◊---

Introduction

Dans l'histoire des mouvements révolutionnaires, la lutte pour la capitale constitue toujours un chapitre particulier. La capitale est une valeur en soi. Elle représente le centre de toutes les forces politiques, économiques et culturelles du pays. À partir de ce centre, son rayonnement atteint la province, et pas une ville, pas un village n'y échappent.

Berlin est quelque chose d'unique en Allemagne. Sa population ne se compose pas, comme celle d'une ville quelconque, d'une masse uniforme, repliée sur elle-même, et homogène. Le Berlinois : c'est le produit d'un substrat berlinois de toujours, complété par des apports de toutes les provinces, régions et groupes sociaux, professionnels et religieux.

Il est vrai que Berlin n'est pas, tel Paris pour la France, un facteur prépondérant et novateur en tout pour l'ensemble de l'Allemagne. Mais on ne peut concevoir ce pays sans Berlin.

Le Mouvement national-socialiste n'est pas parti de Berlin. Il a eu son origine à Munich. Il s'est répandu de là, d'abord à la Bavière, puis à l'Allemagne du Sud, et ce n'est que par la suite, après les premières étapes de son développement, qu'il progressa aussi vers l'Allemagne du Nord et donc vers Berlin.

L'histoire du N.S.D.A.P. au nord du Main ne commence qu'après son effondrement de 1923. Mais, dès ce 6 moment, le national-socialisme se voit également adopté en Allemagne du Nord, avec toute la véhémence de la ténacité et de la discipline prussiennes.

Ce livre s'est fixé comme objectif de retracer l'histoire du Mouvement dans la capitale du Reich.

---◊---

Format 229 x 152 x 14 mm, 248 pages.
ISBN-13 : 9781648580277

Point de vue

NON CENSURÉE

Hermann Wilhelm Göring (12 janvier 1893 – 15 octobre 1946) était un as de l'aviation, pilote de chasse de la Première Guerre mondiale, un membre dirigeant du NSDAP et un commandant en chef de la Luftwaffe. En 1940, il fut au sommet de sa puissance et de son influence ; en tant que ministre chargé du "plan quadriennal", il était responsable d'une grande partie du fonctionnement de l'économie allemande pendant la période qui a précédé la Seconde Guerre mondiale. Hitler le promut au grade de Reichsmarschall, un grade supérieur à tous les autres commandants de la Wehrmacht, et en 1941, Hitler le désigna comme son successeur et adjoint dans tous ses bureaux. Cependant, il perdit son influence au cours des dernières étapes de la guerre. Après la guerre, il fut le principal accusé au Tribunal militaire international de Nuremberg.

Poursuivant la mission que nous nous sommes imposée de faire connaître à l'opinion française la pensée intégrale des maîtres de l'Allemagne Nouvelle, nous publions aujourd'hui : « L'Allemagne renaît. »

Dans ce livre — la première œuvre du Maréchal Göring traduite en Français — l'auteur a décrit l'effondrement de l'Allemagne, le chaos de la République de Weimar, et les efforts du Chancelier Hitler et des siens pour rétablir le Reich dans sa puissance.
La plupart des études parues en France sur le National Socialisme et le IIIe Reich sont entachées d'idées préconçues et de préjugés politiques, aussi nous a-t-il semblé qu'il était de toute nécessité de remonter aux sources racines. Pour juger — et même le cas échéant, pour condamner — n'est-il pas indispensable de connaître les documents de première main ?
L'œuvre du Maréchal Göring, ainsi que celles que nous publierons par la suite des dirigeants de l'Allemagne moderne, est un exposé officiel du point de vue hitlérien.

Format 127 x 203 x 6mm, 102 pages.
ISBN-13 : 9781648587818

Histoire et Religions

NON CENSURÉE

Savitri Devi (« déesse de l'énergie solaire » en hindou) est le nom de plume adopté par la Française Maximine Portas (1905-1982). Mukherji étant le nom de son époux. Fervente partisane du nationalisme indien (Hindutva) auquel elle livre un apport critique (exemple des pays se modernisant pour contrer le colonialisme et rôle supra-religieux des institutions), et admiratrice d'un pays traditionnellement polythéiste, dernier bastion selon elle du « paganisme aryen » (celui-là même supplanté en Europe par le christianisme levantin), elle entendait par son exemple défendre la possibilité d'une reconquête de l'Europe par le paganisme, dont elle estimait le national-socialisme porteur.

LA FOUDRE ET LE SOLEIL
Savitri Devi

Ce livre, — commencé en Écosse au printemps 1948 et écrit, de temps à autre, en Allemagne entre cette date et 1956, — est le résultat de méditations de toute une vie sur l'Histoire et les religions, ainsi que de l'expression d'aspirations et d'une échelle de valeurs morales qui était déjà la mienne avant la Première Guerre Mondiale.

Il pourrait être décrit comme une réponse personnelle aux événements de 1945 et des années suivantes. Et je sais que beaucoup de gens ne l'aimeront pas. Mais je ne l'ai pas écrit dans un but autre que celui de présenter une conception de l'Histoire — ancienne et moderne — inattaquable du point de vue de la Vérité éternelle. Je me suis donc efforcée d'étudier à la fois les hommes et les faits à la lumière de cette idée de la succession des Âges, de la Perfection intacte au chaos inévitable, qui ne se rapporte pas seulement à "l'Hindouisme", mais à toutes les formes de la Tradition Unique, universelle, — les Hindous étant (peut-être) cependant ceux qui ont conservé un peu plus de cette Tradition que les gens moins conservateurs.

Il peut sembler ironique qu'un désir ardent si intense de la fidélité à la Tradition m'ait conduit à une interprétation de personnalités historiques si différente de celle de la plupart des gens qui professent de l'intérêt pour les choses de l'esprit. Seul l'avenir sans fin dira qui a le mieux compris la Sagesse divine : ces personnes ou moi-même.

Savitri Devi
Calcutta, le 21 juillet 1958.

Format 152,4 x 27,4 x 228,6 mm, 476 pages.
ISBN-13 : 9781648586682

- the-savoisien.com
- pdfarchive.info
- vivaeuropa.info
- freepdf.info
- aryanalibris.com
- aldebaranvideo.tv
- histoireebook.com
- balderexlibris.com

www.ingramcontent.com/pod-product-compliance
Lightning Source LLC
LaVergne TN
LVHW041542060526
838200LV00037B/1105